English 1 2 3 Shapes

Français 1 2 3 Formes

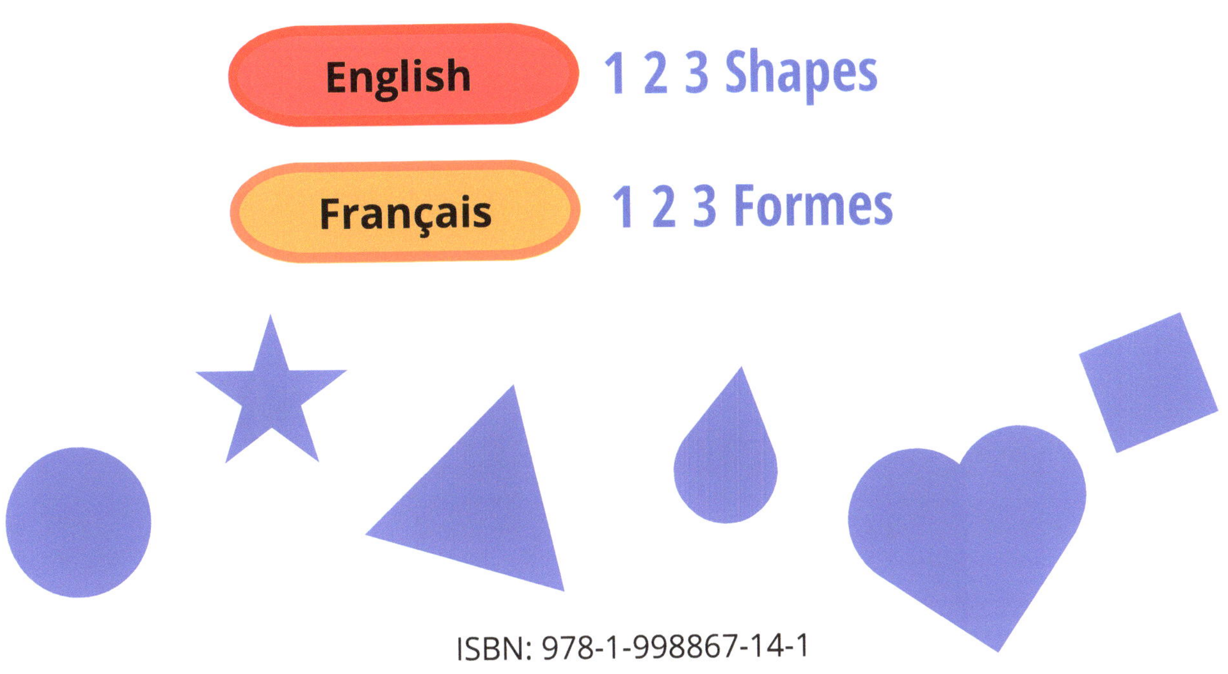

ISBN: 978-1-998867-14-1

First published in 2023
Written and Illustrated by Hannah Burkhardt

Première publication en 2023
Écrit et illustré par Hannah Burkhardt

1

I have one red octagon.

J'ai un octogone rouge.

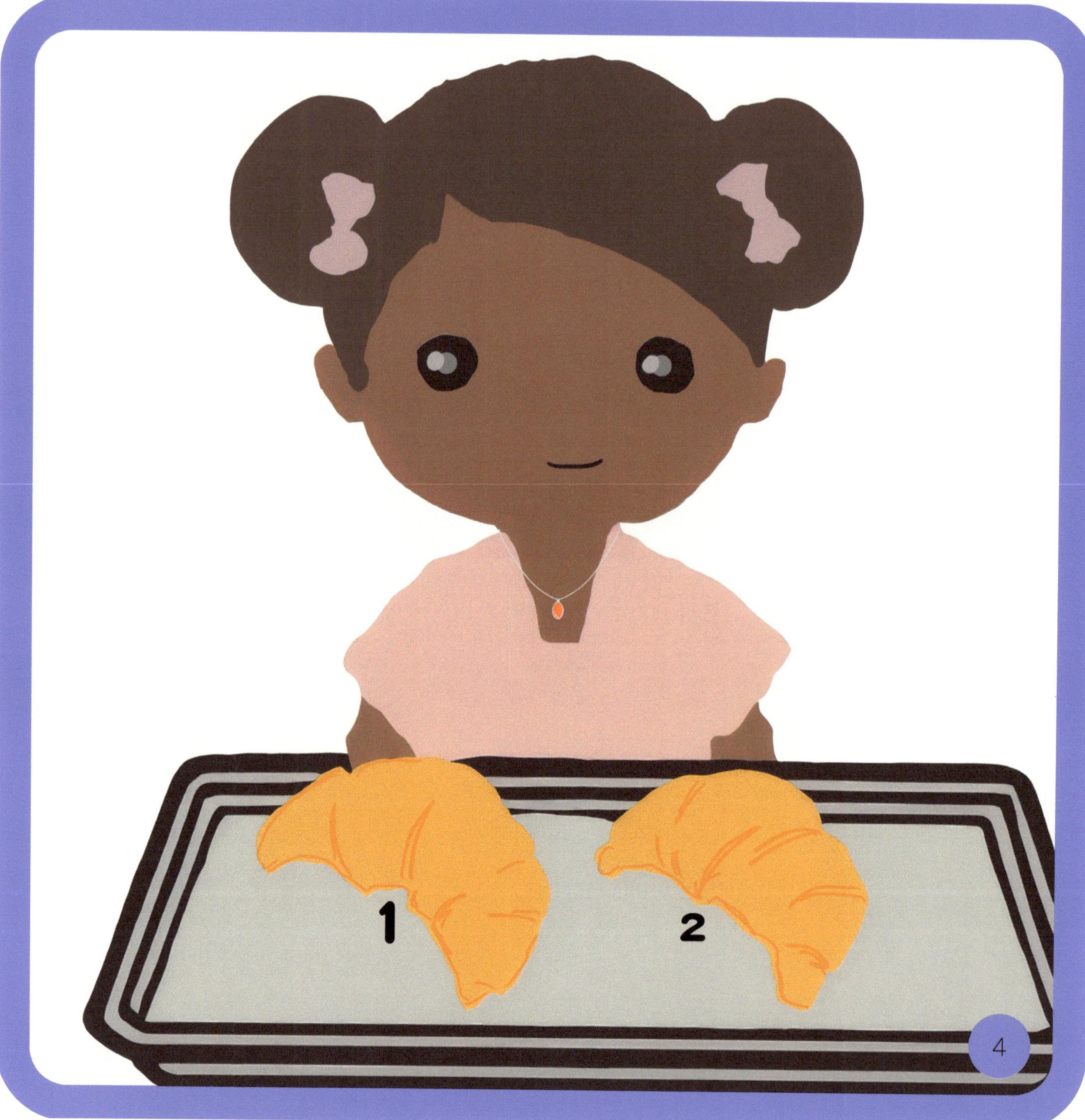
1
2

I have two orange crescents.

J'ai deux croissants orange.

1
2
3

I have three yellow stars.

J'ai trois étoiles jaunes.

1
4
2
3

I have four green circles.

J'ai quatre cercles verts.

1
2
3
4
5

I have five turquoise triangles.

J'ai cinq triangles turquoise.

1
2
3
4
5
6

I have six blue drops.

J'ai six gouttes bleues.

4
1
2
3
5
6
7

I have seven purple rectangles.

J'ai sept rectangles violets.

1
2
3
6
7
5
8
4

I have eight pink hearts.

J'ai huit coeurs roses.

9
1
2
3
4
5
6
7
8

I have nine beige squares.

J'ai neuf carrés beiges.

1
2
3
4
5
6
7
8
9
10

I have ten brown ovals.

J'ai dix ovales marrons.

11
2
1
3
4
5
8
7
6
9
10

I have eleven black hexagons.

J'ai onze hexagones noirs.

12
1
2
3
4
7
6
5
8
9
10
11

I have twelve white diamonds.

J'ai douze diamants blancs.

About the Author
A propos de l'auteur

Hannah Burkhardt traveled the world before she studied English literature and drawing at Concordia University. Inspired by Chimamanda Ngozi Adichie, she wants each and every child to see themselves represented in literature. Hannah's dream is to make it easy to find books in any language. #obsessed

Hannah Burkhardt a voyagé dans le monde entier avant d'étudier la littérature anglaise et le dessin à l'Université Concordia. Inspirée par Chimamanda Ngozi Adichie, elle souhaite que chaque enfant se voie représenté dans la littérature. Le rêve d'Hannah est de faire en sorte qu'il soit facile de trouver des livres dans n'importe quelle langue.

About the Translator
À propos du traducteur

Said is a quality control engineer for medical devices. Born and educated in Morocco he is a natural polyglot; speaking Moroccan Arabic, Modern Standard Arabic, French and English. As an avid football fan, his specialty is the translation of the word "goal" into every language. He is Hannah Burkhardt's partner and their son's professional sidekick. #familybusiness

Said est ingénieur en contrôle de qualité pour les dispositifs médicaux. Né et éduqué au Maroc, il est un polyglotte naturel parlant l'arabe marocain, l'arabe standard moderne, le français et l'anglais. En tant que grand fan de football, sa spécialité est la traduction du mot "but" dans toutes les langues. Il est le partenaire de Hannah Burkhardt et l'acolyte professionnel de leur fils.

Check Out Other Bilingual Books:

Consultez d'autres livres bilingues :

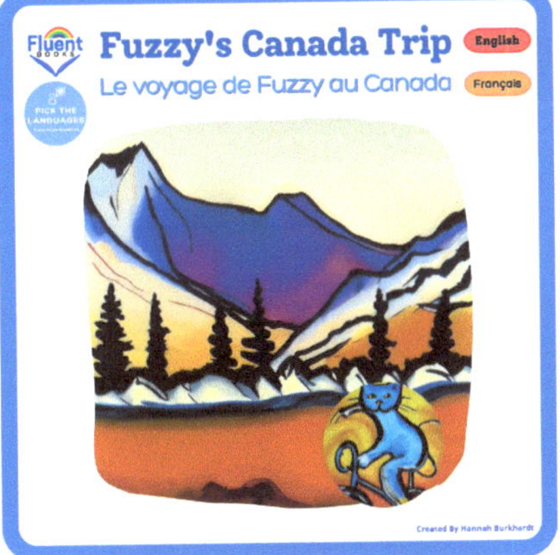

www.ingramcontent.com/pod-product-compliance
Ingram Content Group UK Ltd.
Pitfield, Milton Keynes, MK11 3LW, UK
UKHW060115300726
14090UKWH00002B/196

* 9 7 8 1 9 9 8 8 6 7 1 4 1 *